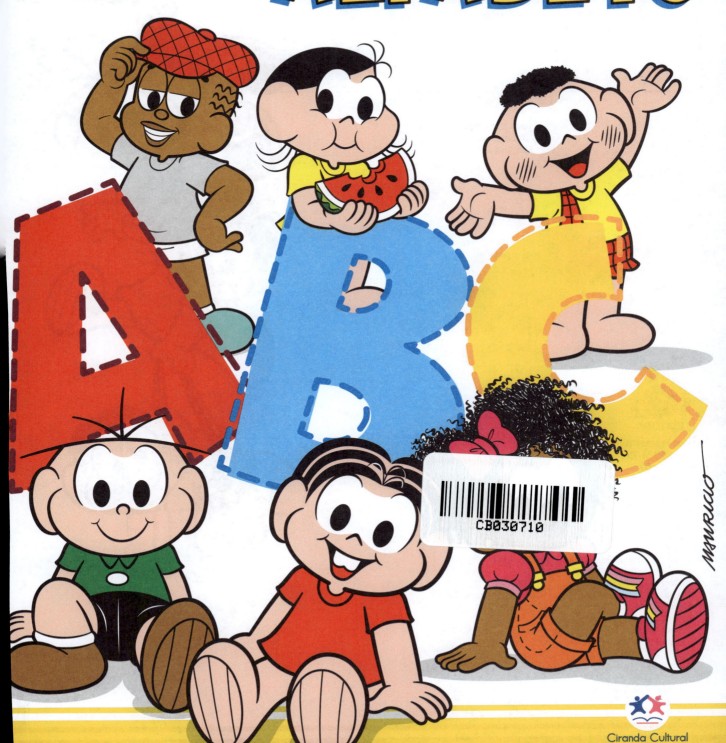

Dados Internacionais de Catalogação na Publicação (CIP) de acordo com ISBD

P364t   Pecand, Katia.
           Turma da Mônica - Cartilha / Katia Pecand. - Jandira, SP : Ciranda Cultural, 2023.
           128 p. : il. ; 20,10cm x 26,80. - (Crescer).

           ISBN: 978-65-261-0890-1

           1. Alfabetização. 2. Caligrafia. 3. Língua portuguesa. 4. Coordenação motora. 5. Aprendizado. 6. Diversão. I. Título. II. Série.

2023-1360   CDD 372.2
                                                             CDU 372.4

Elaborado por Lucio Feitosa - CRB-8/8803

Índice para catálogo sistemático:
1. Alfabetização 372.2
2. Alfabetização 372.4

Rua Werner Von Siemens, 111
Prédio 19 – Espaço 01
Lapa de Baixo – São Paulo/SP
CEP: 05069-010

© 2023 Mauricio de Sousa e
Mauricio de Sousa Editora Ltda.
Todos os direitos reservados.
www.turmadamonica.com.br

Ciranda Cultural Editora e Distribuidora Ltda.
Adaptação textual: Katia Pecand
Editora: Lígia Evangelista
Preparação de texto: Alice Ramos e Karoline Cussolim.
Revisão: Mayara Marques, Karina Barbosa
e Ana Lúcia dos Santos
Projeto gráfico: Natalia Renzzo
Produção: Ciranda Cultural

1ª Edição em 2023
www.cirandacultural.com.br
Direitos de publicação desta edição no Brasil reservados
à Ciranda Cultural Editora e Distribuidora Ltda.

APRESENTAÇÃO

O PROCESSO DE ALFABETIZAÇÃO

A criança desenvolve as capacidades de leitura e escrita durante o processo de alfabetização. É nessa fase que formam-se as ferramentas essenciais para a comunicação, a construção do pensamento e o despertar da criatividade e da imaginação. Além disso, a alfabetização é a base para o desenvolvimento integral do indivíduo ao longo da vida.

Mesmo antes de conhecer as grafias e os sons das letras, a criança está inserida no mundo letrado e já observa as práticas de leitura e de escrita em seu círculo social. Esse é um movimento que, geralmente, começa no ambiente familiar, mas é na escola, ao ingressar na Educação Infantil, que a criança ganha novos horizontes.

Ter um letramento de qualidade é direito de todos os cidadãos e de todas as cidadãs. Pessoas que não são alfabetizadas de forma eficiente ficam à margem da sociedade, o que as leva a ter menos oportunidades, profissionais ou pessoais, além de não acessarem seus direitos.

O educador e filósofo Paulo Freire (1921-1997), em seu livro *A importância do ato de ler: em três artigos que se completam* (Cortez Editora,1991), destaca que ler possibilita ao ser humano uma percepção crítica do mundo. Por isso, o letramento e a alfabetização são tão importantes.

COMO UTILIZAR ESTA CARTILHA

A Cartilha Crescer – Alfabeto foi desenvolvida para que crianças no início do processo de alfabetização possam treinar a coordenação motora fina e a escrita, além de reconhecer o alfabeto. A obra está dividida nas seguintes partes:

Coordenação motora: atividades para contornar traços, formas e desenhos, com o objetivo de aprimorar a coordenação motora fina da criança.

Alfabeto – vogais: apresentação das vogais, atividades de contorno e escrita das letras e exercícios com a letra apresentada.

Alfabeto – consoantes: apresentação das consoantes, atividades de contorno e escrita das letras e exercícios com a letra apresentada.

Atividades lúdicas: atividades para fixação do conteúdo apresentado.

O objetivo desta cartilha é auxiliar todas as crianças a crescerem muito em seu processo de aprendizado.

Bons estudos!

HORA DE TREINAR A COORDENAÇÃO MOTORA! QUE TAL COBRIR OS TRACEJADOS PARA PRATICAR?

COLOQUE O LÁPIS NO . (PONTO) E FAÇA O MOVIMENTO.

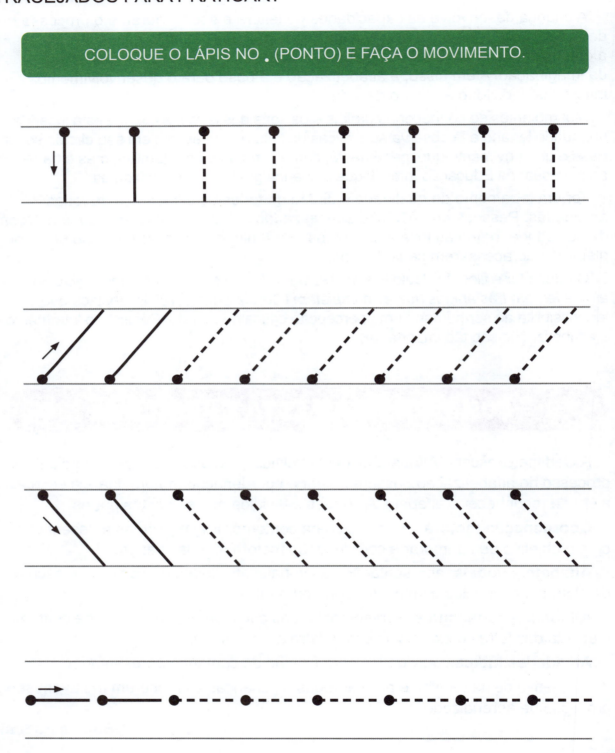

COORDENAÇÃO MOTORA

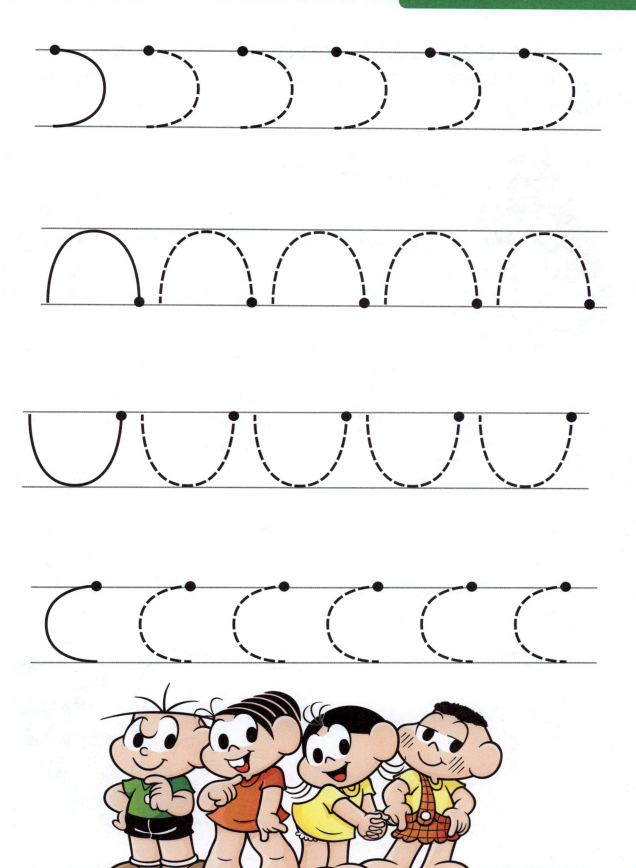

MÔNICA E MAGALI ESTÃO SE DIVERTINDO NA PRAIA. VAMOS DESENHAR O TRAJETO ENTRE AS AMIGAS PARA QUE ELAS POSSAM SE ENCONTRAR?

COORDENAÇÃO MOTORA

MÔNICA E MAGALI PRECISAM ENCONTRAR CASCÃO E CEBOLINHA. VAMOS LEVÁ-LAS ATÉ ELES PELO LABIRINTO?

CEBOLINHA ESTÁ DANDO NÓS NAS ORELHAS DE SANSÃO. VAMOS COBRIR OS TRACEJADOS DO PERCURSO QUE A MÔNICA PRECISA FAZER PARA RESGATÁ-LO?.

COORDENAÇÃO MOTORA

MILENA ESTÁ CURTINDO UM DIA DE PRAIA COM SUA BOIA NO MAR. VAMOS COBRIR O TRACEJADO PARA COMPLETAR AS ONDAS QUE SE FORMARAM?

A TURMA DA MÔNICA SABE QUE UMA ALIMENTAÇÃO SAUDÁVEL É MUITO IMPORTANTE. VAMOS COBRIR OS TRACEJADOS PARA LEVAR A TURMA ATÉ AS FRUTAS?

AS MASCOTES PRECISAM ENCONTRAR OS SEUS TUTORES! QUE TAL AJUDÁ-LAS COBRINDO O PERCURSO TRACEJADO?

VAMOS APRENDER A VOGAL **A**, DE **AVIÃO**?

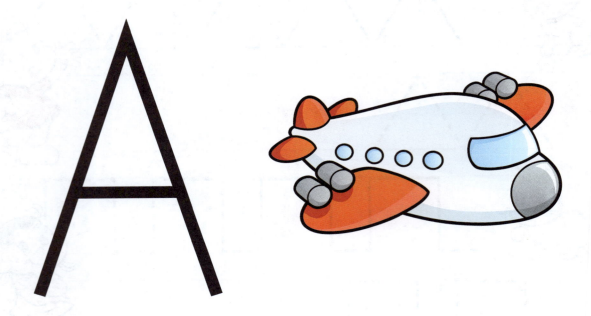

AVIÃO

VOGAIS – LETRA A

AGORA, PRATIQUE A VOGAL **A** ATÉ O FIM DA PÁGINA.

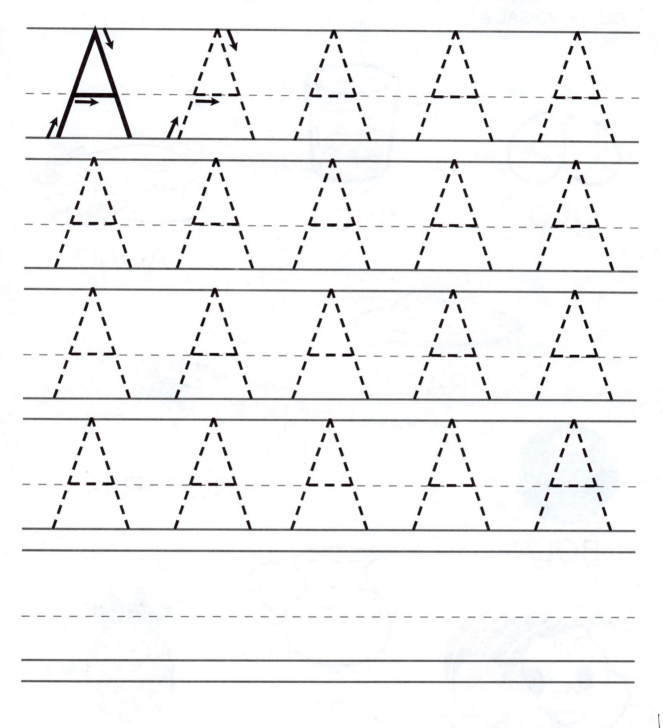

CHEGOU A HORA DE CIRCULAR AS IMAGENS QUE COMEÇAM COM A VOGAL **A**.

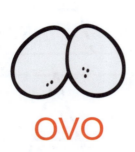
OVO

SUCO

AVIÃO

PRATO

ARCO-ÍRIS

BOLA

JARRA

ABACAXI

VOGAIS – LETRA A

A MAGALI ESTÁ ENCANTADA COM SEUS BALÕES EM FORMATO DE FRUTAS! QUE TAL COMPLETAR OS NOMES DESSAS FRUTAS COM A VOGAL **A**?

PER☐

M☐Ç☐̃

B☐N☐N☐

MEL☐NCI☐

15

VAMOS APRENDER A VOGAL E, DE ELEFANTE?

E ELEFANTE

VOGAIS – LETRA E

AGORA, PRATIQUE A VOGAL **E** ATÉ O FIM DA PÁGINA.

CASCÃO FEZ UMA LISTA DE BRINQUEDOS E BRINCADEIRAS. VAMOS PINTAR DE AMARELO TODAS AS LETRAS **E** QUE VOCÊ ENCONTRAR?

PETECA

PATINETE

BICICLETA

BONECA

ROBÔ

AMARELINHA

XADREZ

MOTOCA

VOGAIS – LETRA E

A PALAVRA **ESTRELA** COMEÇA COM A VOGAL **E**. VAMOS DESENHAR OUTRAS PALAVRAS QUE TAMBÉM COMEÇAM COM A VOGAL E?

ESCOVA

ESCOLA

ERVILHA

ESPELHO

CHEGOU A HORA DA VOGAL **I**, DE **ILHA**.

ILHA

VOGAIS – LETRA I

AGORA, PRATIQUE A VOGAL I ATÉ O FIM DA PÁGINA.

CEBOLINHA QUER SUA AJUDA PARA ENCONTRAR E CIRCULAR APENAS AS PALAVRAS INICIADAS COM A VOGAL I. QUE TAL AJUDÁ-LO?

IOGURTE

BOLA

INJEÇÃO

INDÍGENA

ELEFANTE

IGREJA

OVO

ILHA

VOGAIS – LETRA I

PINTE DE AMARELO A VOGAL I NOS NOMES DOS AMIGOS DA TURMA DA MÔNICA.

CASCÃO

MÔNICA

CEBOLINHA

MILENA

MAGALI

JEREMIAS

QUE TAL CONHECER A LETRA **O**, DE **OVO**?

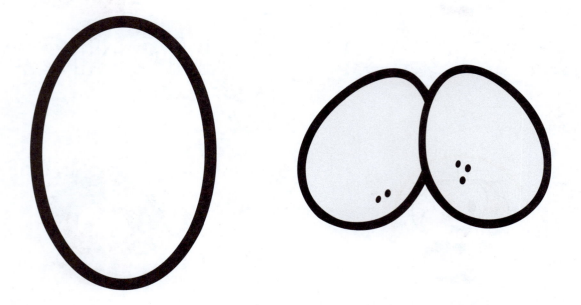

VOGAIS – LETRA O

AGORA, PRATIQUE A VOGAL O ATÉ O FIM DA PÁGINA.

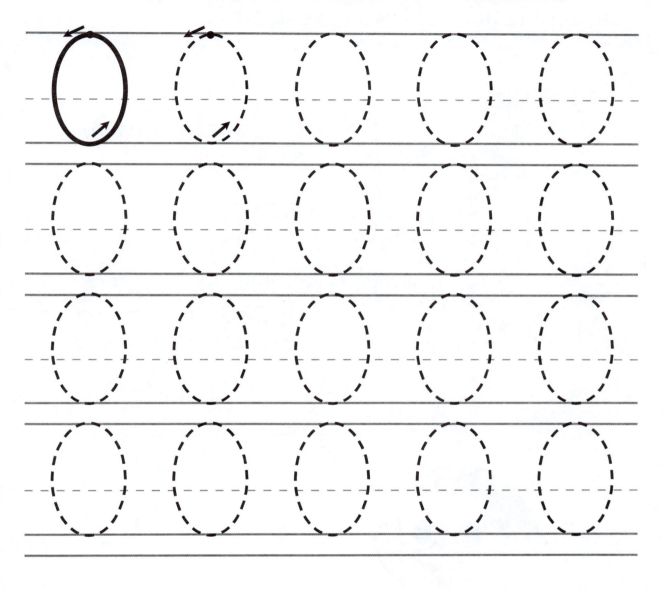

25

MAGALI E MINGAU VÃO FAZER UM PIQUENIQUE. VAMOS PINTAR DE AZUL A LETRA **O** DAS PALAVRAS ABAIXO?

BOLO

MELÃO

MORANGO

PICOLÉ

COCADA

SORVETE

PUDIM

TORTA

VOGAIS – LETRA O

VAMOS COMPLETAR AS PALAVRAS ABAIXO? DICA: FALE EM VOZ ALTA OS NOMES DAS FIGURAS PARA DESCOBRIR QUAL É A LETRA QUE ESTÁ FALTANDO.

SAP__

PIRULIT__

PAPAGAI__

CARRINH__

ROB__̂

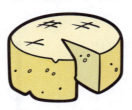
QUEIJ__

27

VAMOS APRENDER A VOGAL **U**, DE **UVA**.

VOGAIS – LETRA U

AGORA, PRATIQUE A VOGAL **U** ATÉ O FIM DA PÁGINA.

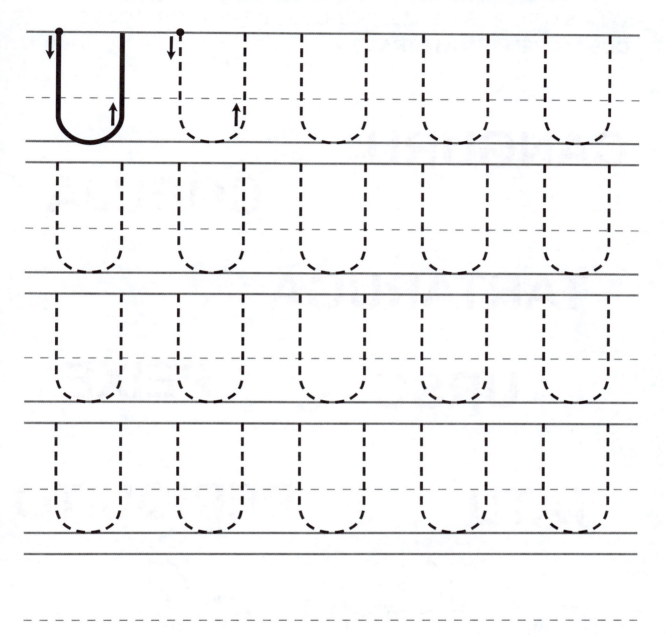

29

BIDU E MINGAU SE DIVERTEM ENQUANTO BRINCAM JUNTOS! VAMOS CIRCULAR DE AZUL OS NOMES DE OUTROS ANIMAIS QUE TAMBÉM TÊM A LETRA **U**?

CANGURU

CORUJA

TARTARUGA

URSO

PEIXE

TATU

PERIQUITO

VOGAIS – LETRA U

VAMOS PINTAR DE AZUL A VOGAL **U** NOS NOMES DAS MASCOTES ABAIXO E DEPOIS CIRCULAR ESSES NOMES NO CAÇA-PALAVRAS?

BIDU

MINGAU

T	S	L	J	K	W	U	I	S	U	A
L	B	I	D	U	X	A	L	S	H	J
I	D	F	P	A	U	I	L	B	A	D
A	D	S	U	G	J	B	A	D	I	G
I	J	N	B	D	T	L	B	F	U	S
S	I	A	D	J	M	I	N	G	A	U

31

VAMOS PRATICAR AS VOGAIS?

VOGAIS

CUBRA OS TRACEJADOS PARA ESCREVER AS VOGAIS. DEPOIS, PINTE APENAS AS FIGURAS QUE COMEÇAM COM VOGAIS.

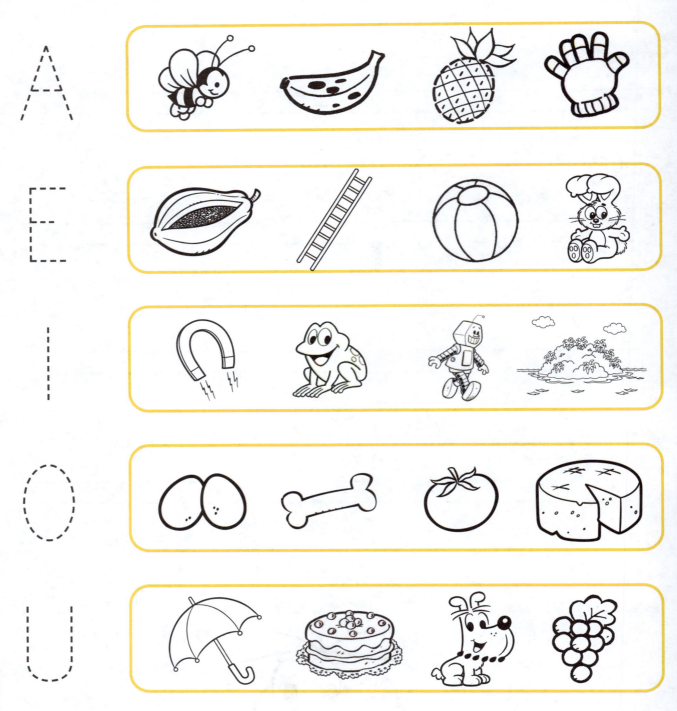

VOGAIS

VAMOS PINTAR A TURMA DA MÔNICA E COMPLETAR O NOME DE CADA UM COM AS VOGAIS FALTANTES?

M Ô N C __

M __ G __ L __

C __ B __ L __ NH __

C __ SC __̃ __

35

MÔNICA FICOU MUITO BRAVA COM O CEBOLINHA, PORQUE ELE APAGOU ALGUMAS VOGAIS. COMPLETE AS PALAVRAS COM AS VOGAIS FALTANTES E, DEPOIS, ESCREVA-AS NO ESPAÇO EM DESTAQUE.

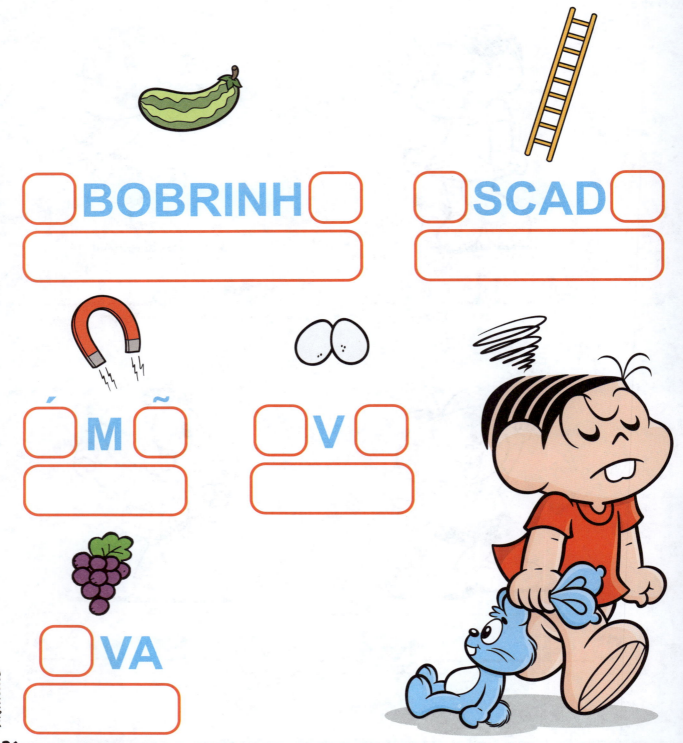

VOGAIS

LIGUE AS VOGAIS ÀS FIGURAS CORRESPONDENTES.

A

E

I

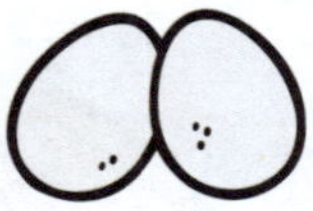

O

U

CASCÃO É UM MENINO ALEGRE E DIVERTIDO!

CAS**CÃO**

USA-SE O TIL, ESTE SINAL ~, PARA ESCREVER O NOME DELE. O TIL INDICA O SOM NASAL.

VAMOS FALAR OS NOMES DAS FIGURAS ABAIXO EM VOZ ALTA E CIRCULAR APENAS AQUELAS TERMINADAS EM **ÃO**?

TIL - ÃO

A TURMA DA MÔNICA PREPAROU O DESAFIO DO **ÃO**!
PARA DESCOBRIR QUAL É A PALAVRA E REPRESENTÁ-LA COM
DESENHOS, LEIA AS DICAS.

É O COELHO DA MÔNICA.

SANS____

É O REI DA FLORESTA.

LE____

É UMA FRUTA VERDE E AZEDA.

LIM____

É UM INSTRUMENTO MUSICAL.

VIOL____

VAMOS APRENDER A LETRA **B**, DE **BOLA**?

B

BOLA

CONSOANTES – LETRA B

AGORA, PRATIQUE A LETRA **B** ATÉ O FIM DA PÁGINA.

41

BIDU PEGOU A BOLA PARA BRINCAR DE FUTEBOL. VEJA QUE ANIMAÇÃO!

BO LA

A PRIMEIRA SÍLABA DA PALAVRA BOLA É **BO**.

COMPLETE OS NOMES DAS FIGURAS COM AS SÍLABAS DESTA CONSOANTE PARA FORMAR AS PALAVRAS.

BA-BE-BI-BO-BU-BÃO

☐ LO

☐ NÉ

☐ NANA

☐ XIGA

42

CONSOANTES – LETRA B

MAGALI ESTÁ ANSIOSA PARA PROVAR O BOLO DE CEREJA. DEVE ESTAR DELICIOSO. CIRCULE A SÍLABA **BO** NA PALAVRA ABAIXO.

BOLO

AGORA CIRCULE AS SÍLABAS DA CONSOANTE **B** NAS PALAVRAS ABAIXO E COMPLETE A PALAVRA.

ROBÔ

RO ☐

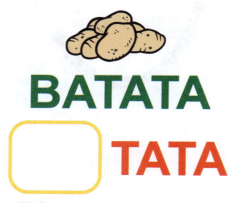

BATATA

☐ TATA

ABELHA

A ☐ LHA

ABACAXI

A ☐ CAXI

43

VAMOS APRENDER A LETRA **C**, DE **CASA**?

C

CASA

CONSOANTES – LETRA C

AGORA, PRATIQUE A LETRA **C** ATÉ O FIM DA PÁGINA.

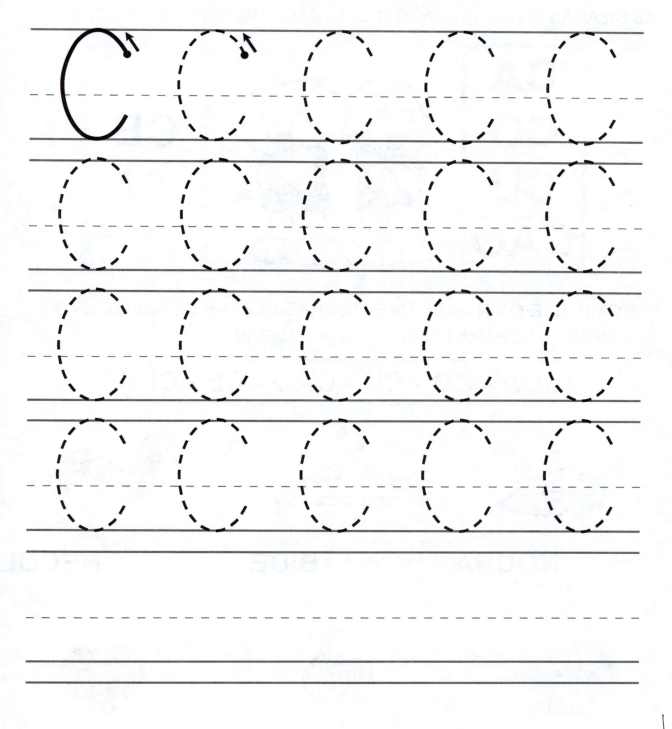

45

CASCÃO E CEBOLINHA VIERAM APRESENTAR PARA VOCÊ AS SÍLABAS DA CONSOANTE **C**. LEIA CADA UMA DELAS EM VOZ ALTA.

**CA
CO
CU
CÃO**

**CE
CI**

COMPLETE OS NOMES DAS FIGURAS COM AS SÍLABAS DESTA CONSOANTE PARA FORMAR AS PALAVRAS.

CA - CO - CU - CÃO - CE - CI

  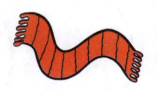

___ NOURA   ___ BIDE   ___ CHECOL

___ SA   ___ BOLA   ___ RAÇÃO

CONSOANTES – LETRA C

O CEBOLINHA QUER A SUA AJUDA NESTA PESCARIA DIVERTIDA. FORME PALAVRAS SEGUINDO OS NÚMEROS DE CADA PEIXINHO.

1 BA 2 CA 3 O 4 BE 5 CU
6 LA 7 BO 8 CO 9 BI

8 E 6   9 E 8   4 E 8

2 E 7   2 E 8   8 E 8

5 E 2   7 E 2   5 E 7

VAMOS APRENDER A LETRA **D**, DE **DADO**?

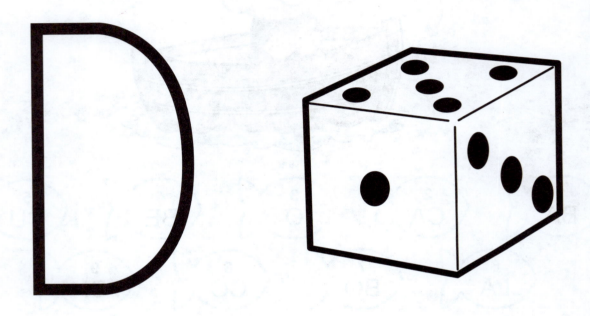

DADO

CONSOANTES – LETRA D

AGORA, PRATIQUE A LETRA **D** ATÉ O FIM DA PÁGINA.

MAGALI GOSTA MUITO DE DESENHAR!

DESENHO

AGORA É SUA VEZ DE LER AS PALAVRAS E REPRESENTÁ-LAS COM DESENHOS.

DADO

DEDO

CABIDE

DOCE

CONSOANTES – LETRA D

OBSERVE O QUADRO COM AS SÍLABAS FORMADAS COM A CONSOANTE **D** E COMPLETE AS PALAVRAS.

DA-DE-DI
DO-DU-DÃO

BI____   BAL____

BO____   ____MINÓ

____A   ____CE

DE____   ____DO

VAMOS APRENDER A LETRA **F**, DE **FEIJÃO**?

FEIJÃO

CONSOANTES – LETRA F

AGORA, PRATIQUE A LETRA **F** ATÉ O FIM DA PÁGINA.

CIRCULE AS SÍLABAS DA CONSOANTE **F** QUE VOCÊ ENCONTRAR NAS PALAVRAS ABAIXO.

FA-FE-FI-FO-FU-FÃO

FACA **FITA**

FOFOCA **FUMAÇA**

FELICIDADE

VAMOS CIRCULAR CINCO PALAVRAS COM A LETRA **F** NO QUADRO?

F	X	F	O	C	A
I	F	A	C	A	B
O	P	F	É	T	Ã
É	F	U	B	Á	S

54

CONSOANTES – LETRA F

MOSTRE AO CASCÃO QUE VOCÊ ESTÁ CRAQUE NA LEITURA. LEIA AS PALAVRAS ABAIXO E REPRESENTE-AS COM DESENHOS.

CAFÉ FOCA FADA

FACA FIO

55

VAMOS APRENDER A LETRA **G**, DE **GATO**?

GATO

CONSOANTES – LETRA G

AGORA, PRATIQUE A LETRA **G** ATÉ O FIM DA PÁGINA.

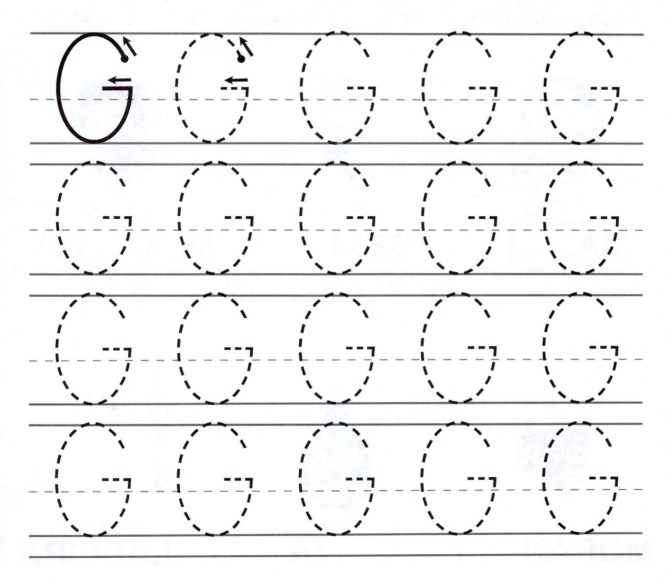

57

HORA DE COMPLETAR AS PALAVRAS COM AS SÍLABAS QUE ESTÃO FALTANDO E, DEPOIS, COPIÁ-LAS NO LOCAL INDICADO.

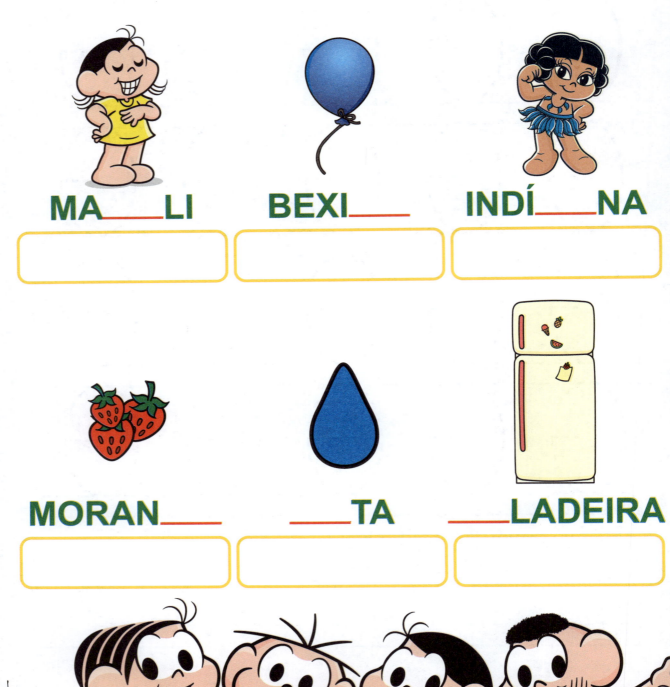

CONSOANTES – LETRA G

LEIA AS SÍLABAS QUE A MAGALI E O MINGAU VIERAM APRESENTAR.

AGORA É COM VOCÊ! ENCONTRE AS SÍLABAS INDICADAS ABAIXO.

- PINTE DE **AZUL** SOMENTE AS SÍLABAS **GO**.

- PINTE DE **AMARELO** SOMENTE AS SÍLABAS **GI**.

- PINTE DE **VERMELHO** SOMENTE AS SÍLABAS **GA**.

59

VAMOS APRENDER A LETRA **H**, DE **HORTA**?

HORTA

CONSOANTES – LETRA H

AGORA, PRATIQUE A LETRA **H** ATÉ O FIM DA PÁGINA.

QUANDO A LETRA **H** APARECE NO INÍCIO DA PALAVRA, ELA NÃO É PRONUNCIADA! NESSES CASOS, O SOM DA SÍLABA COM **H** É O MESMO DA VOGAL QUE ESTÁ AO LADO DELA. PRATIQUE AS SÍLABAS DA CONSOANTE **H**.

PINTE DE AZUL OS QUADROS EM QUE APARECEM PALAVRAS QUE COMEÇAM COM ESSA LETRA.

HOMEM	HIENA	CADEADO
HIPOPÓTAMO	HUMOR	HORA
BOIA	HARPA	HELICÓPTERO

CONSOANTES – LETRA H

LIGUE AS PALAVRAS ÀS IMAGENS CORRESPONDENTES.

HORÁCIO •   •

HORTALIÇA •   •

HOMEM •   •

HAMBÚRGUER •   •

VAMOS APRENDER A LETRA **J**, DE **JORNAL**?

JORNAL

CONSOANTES – LETRA J

AGORA, PRATIQUE A LETRA **J** ATÉ O FIM DA PÁGINA.

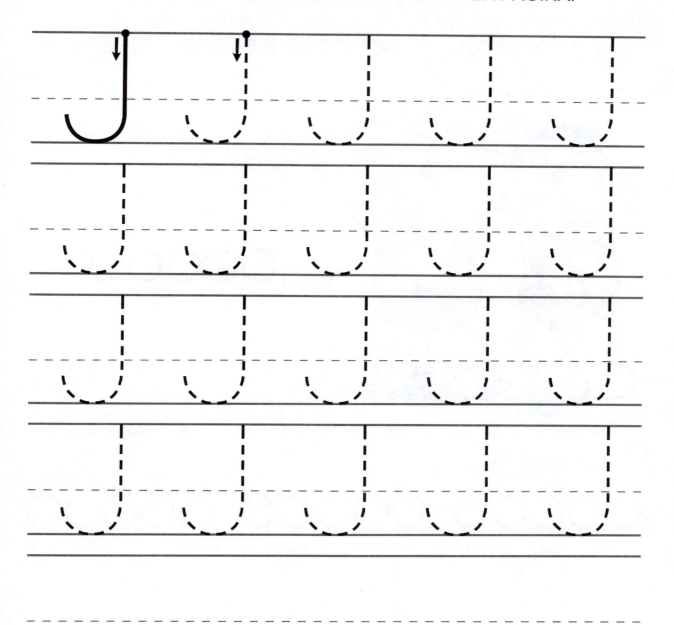

65

CASCÃO E CEBOLINHA QUEREM SABER SE VOCÊ ESTÁ CRAQUE NAS SÍLABAS DAS PALAVRAS. LEIA AS PALAVRAS E PINTE UM ◯ (CÍRCULO) PARA CADA SÍLABA QUE VOCÊ FALAR.

EXEMPLO:

JANELA
◯◯◯◯◯

JUBA
◯◯◯◯◯

JIBOIA
◯◯◯◯◯

JACARÉ
◯◯◯◯◯

JUCA
◯◯◯◯◯

JACA
◯◯◯◯◯

CONSOANTES – LETRA J

PINTE A SÍLABA QUE FALTA PARA COMPLETAR A PALAVRA INDICADA PELO DESENHO.

BEI___

JA   JI   JO

FEI___

JE   JÃO   JU

___REMA

JU   JE   JI

___TALHÃO

JO   JU   JI

AN___NHO

JU   JA   JI

___REMIAS

JE   JU   JI

67

VAMOS APRENDER A LETRA **K**, DE *KETCHUP*?

KETCHUP

CONSOANTES – LETRA K

AGORA, PRATIQUE A LETRA **K** ATÉ O FIM DA PÁGINA.

OBSERVE O QUADRO COM AS SÍLABAS FORMADAS COM A LETRA **K**.

KA
KE
KI
KO
KU

AGORA, AJUDE KEIKA A COMPLETAR AS PALAVRAS A SEGUIR, USANDO AS COMBINAÇÕES **KA**, **KE**, **KI**, **KO** E **KU** PARA PREENCHER O QUE FALTA NAS SÍLABAS.

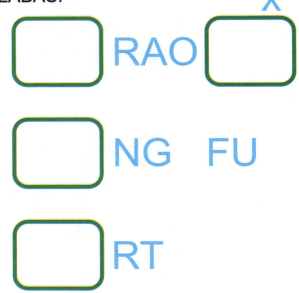

CONSOANTES – LETRA K

A TURMA DA MÔNICA QUER APRESENTAR OUTRAS PALAVRAS COM A LETRA **K**. CUBRA OS TRACEJADOS DAS PALAVRAS E REPRESENTE-AS COM DESENHOS.

KIWI

KARATÊ

KETCHUP

UKULELÊ

71

VAMOS APRENDER A LETRA **L**, DE **LEITE**?

LEITE

CONSOANTES – LETRA L

AGORA, PRATIQUE A LETRA L ATÉ O FIM DA PÁGINA.

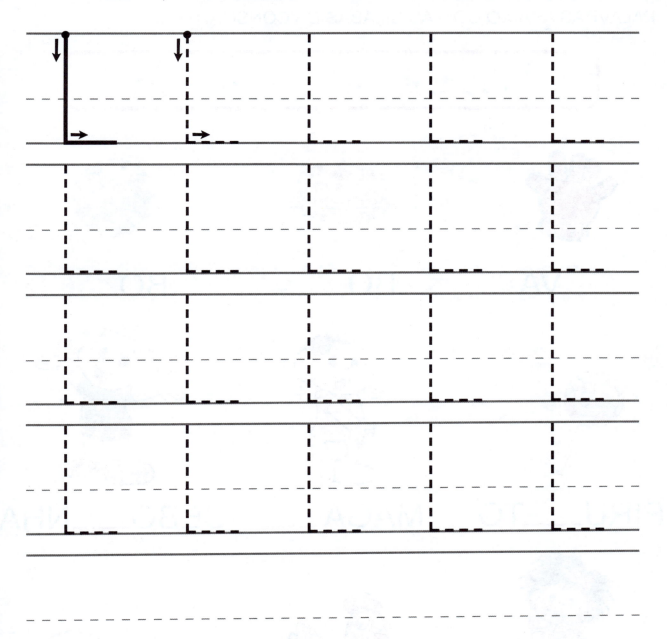

A TURMA DA MÔNICA PRECISA DE AJUDA PARA COMPLETAR AS PALAVRAS ABAIXO COM AS SÍLABAS DA CONSOANTE **L**.

LA-LE-LI-LO-LU-LÃO

___VA   BO___   BO___

PIRU___TO   MAGA___   CEBO___NHA

  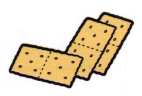

MI___NA   GA___NHA   BO___CHA

CONSOANTES – LETRA L

VEJA A LISTA DE PALAVRAS QUE A MAGALI ESTÁ MOSTRANDO. LEIA CADA UMA DELAS E ENCONTRE-AS NO CAÇA-SÍLABAS.

LUA
BALA
BULE
CEBOLA
LAGOA

DICA: PINTE CADA PALAVRA COM UM LÁPIS DE COR DIFERENTE.

CE	BO	LA	U	XI
SA	BA	LA	E	ZA
TU	CO	TI	BU	LE
LU	A	JU	Ã	CU
LA	BE	LA	GO	A

ESCREVA ABAIXO AS PALAVRAS QUE VOCÊ ENCONTROU.

75

VAMOS APRENDER A LETRA **M**, DE **MÔNICA**?

MÔNICA

CONSOANTES – LETRA M

AGORA, PRATIQUE A LETRA M ATÉ O FIM DA PÁGINA.

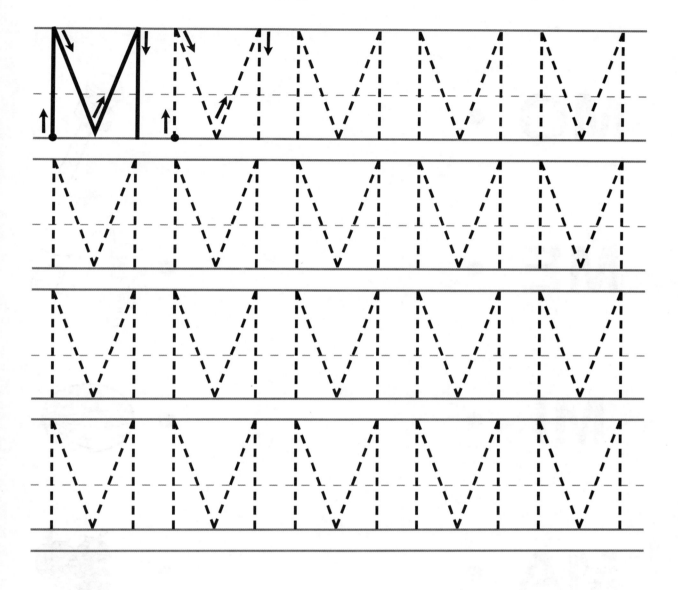

LIGUE AS LETRAS INICIAIS AOS DESENHOS CORRESPONDENTES.

MO • •

ME • •

MI • •

MA • •

MU • •

CONSOANTES – LETRA M

MAGALI PREPAROU UMA SALADA DE FRUTAS. PARA SABER QUAIS FRUTAS ELA ESCOLHEU, COMPLETE AS PALAVRAS COM AS LETRAS QUE FALTAM.

M	A	Ç	Ã
		Ç	Ã
	A	Ç	

M	E	L	Ã	O
	E		Ã	O
		L	Ã	

M	A	M	Ã	O
	A		Ã	O
		M	Ã	

M	O	R	A	N	G	O
M		R		N	G	
		R	A	N		

79

VAMOS APRENDER A LETRA **N**, DE **NOVELO**?

N

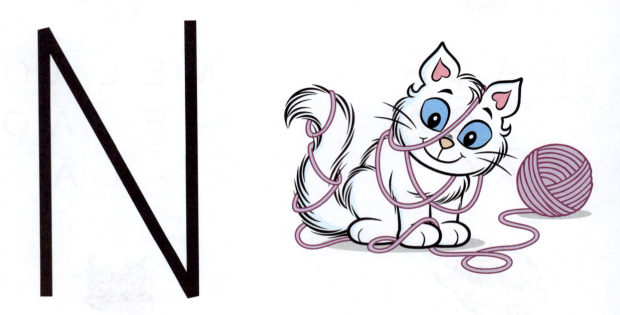

NOVELO

CONSOANTES – LETRA N

AGORA, PRATIQUE A LETRA **N** ATÉ O FIM DA PÁGINA.

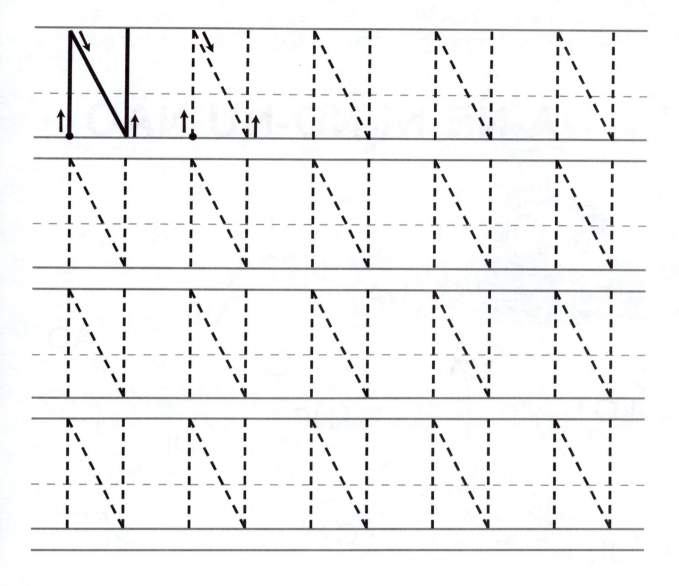

81

NADAR É MUITO DIVERTIDO! PARA QUE A MAGALI POSSA SE ENCONTRAR COM A MÔNICA NA PISCINA, VOCÊ TERÁ QUE TRAÇAR O PERCURSO, PINTANDO APENAS AS SÍLABAS DA CONSOANTE **N**.

NA-NE-NI-NO-NU-NÃO

CONSOANTES – LETRA N

LEIA AS PALAVRAS ABAIXO COM BASTANTE ATENÇÃO. DEPOIS, CIRCULE A CONSOANTE **N** E ESCREVA AS PALAVRAS NOS QUADROS.

BANANA

RABANETE

VETERINÁRIA

NATAÇÃO

BONÉ

NOVELO

83

VAMOS APRENDER A LETRA **P**, DE **PATO**?

PATO

CONSOANTES – LETRA P

AGORA, PRATIQUE A LETRA **P** ATÉ O FIM DA PÁGINA.

85

CASCÃO E CEBOLINHA QUEREM BRINCAR DE "O QUE É, O QUE É"? ACOMPANHE A LEITURA E COMPLETE AS ADIVINHAS COM AS SÍLABAS DA CONSOANTE **P** PARA DESCOBRIR AS RESPOSTAS.

PA-PE-PI-PO-PU-PÃO

ALIMENTO FEITO DE MILHO. ___ ___CA

FEITA DE PAPEL E VOA NO CÉU. ___ ___

É GELADINHO E VEM NO PALITO. ___COLÉ

É O MACHO DA PATA. ___TO

É NELE QUE DÁ O CHULÉ! ___´

CONSOANTES – LETRA P

QUE TAL COMPLETAR AS PALAVRAS COM AS SÍLABAS FALTANTES?

___RULITO

___ ___GAIO

___ ___

___RA

___ ___

___COLÉ

___TO

87

VAMOS APRENDER A LETRA **Q**, DE **QUEIJO**?

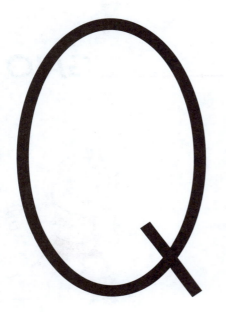

QUEIJO

CONSOANTES – LETRA Q

AGORA, PRATIQUE A LETRA **Q** ATÉ O FIM DA PÁGINA.

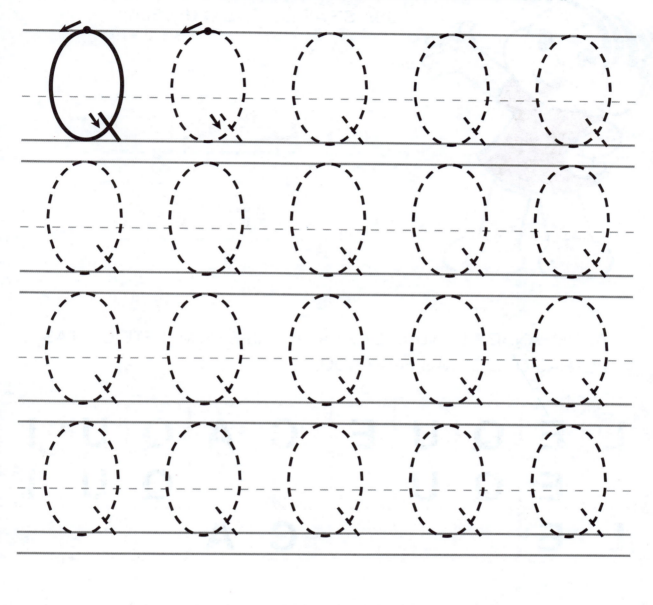

PARA FORMAR AS SÍLABAS DA LETRA **Q**, USA-SE AS LETRAS **Q U**. VEJA:

QUA-QUO

QUE-QUI

ACOMPANHE A LEITURA DAS PALAVRAS E COMPLETE COM AS LETRAS QUE ESTÃO FALTANDO.

L	E	Q	U	E
	E	Q	U	
L	E			

C	A	Q	U	I
		Q	U	I
	C	A		

Q	U	A	T	I
		A	T	I
Q	U			T

Q	U	I	B	E
			B	E
		I		E

90

CONSOANTES – LETRA Q

VAMOS JUNTAR AS SÍLABAS, FORMAR AS PALAVRAS E ESCREVÊ-LAS NOS ESPAÇOS ABAIXO?

LE + QUE =

QUI A + BO =

QUA + TI =

QUE + DA =

MÁ + QUI + NA =

PE + QUE + NO =

VAMOS APRENDER A LETRA **R**, DE **ROBÔ**?

ROBÔ

CONSOANTES – LETRA R

AGORA, PRATIQUE A LETRA **R** ATÉ O FIM DA PÁGINA.

A TURMA DA MÔNICA PRECISA ENCONTRAR AS PALAVRAS DO QUADRO NO CAÇA-PALAVRAS. VAMOS LÁ, LEIA COM ATENÇÃO:

**RUA - RATO - RELÓGIO
RODO - RICO - REI**

R	U	A	B	S	T	L
X	K	R	O	D	O	M
W	Z	S	R	A	T	O
R	E	I	S	U	T	K
J	C	R	I	C	O	B
R	E	L	Ó	G	I	O
W	C	A	S	D	O	B

94

CONSOANTES – LETRA R

COMPLETE AS PALAVRAS COM AS SÍLABAS DO QUADRO.

RA-RE-RI-RO-RU-RÃO

____BÔ

____SADA

____TO

____BANETE

____QUETE

____DE

95

VAMOS APRENDER A LETRA **S**, DE **SAPO**?

SAPO

CONSOANTES – LETRA S

AGORA, PRATIQUE A LETRA **S** ATÉ O FIM DA PÁGINA.

97

AJUDE O CEBOLINHA A COMPLETAR AS PALAVRAS COM AS SÍLABAS DA LETRA **S**. DEPOIS, REPRESENTE CADA UMA DELAS COM DESENHOS.

SA-SE-SI-SO SU-SÃO

____PO ____MENTE ____NO

____COLA ____TA ____LADA

98

CONSOANTES – LETRA S

MÔNICA E MAGALI QUEREM ENCONTRAR AS PALAVRAS QUE TÊM AS SÍLABAS DA CONSOANTE **S**. AJUDE-AS, CIRCULANDO DE VERDE AS PALAVRAS NO QUADRO.

SELO
SAPATO
COMIDA
SUCO
MORANGO
SOFÁ

ESCREVA AS PALAVRAS QUE VOCÊ CIRCULOU.

VAMOS APRENDER A LETRA **T**, DE **TÊNIS**?

T

TÊNIS

CONSOANTES – LETRA T

AGORA, PRATIQUE A LETRA T ATÉ O FIM DA PÁGINA.

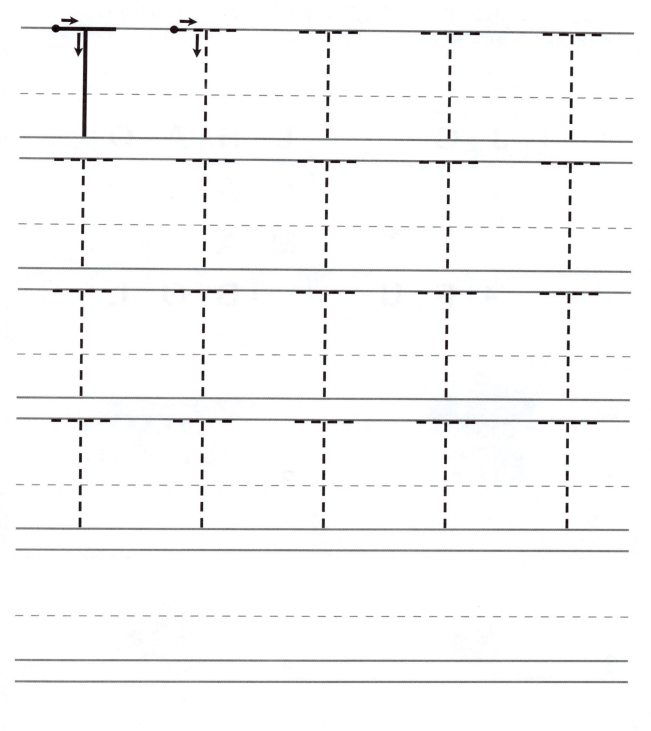

101

COMPLETE A CRUZADINHA PARA FORMAR OS NOMES DOS DESENHOS E, DEPOIS, ESCREVA-OS NOS QUADROS CORRESPONDENTES.

CONSOANTES – LETRA T

ESCREVA AS PALAVRAS A SEGUIR NOS QUADROS, DE ACORDO COM A VOGAL QUE ACOMPANHA A CONSOANTE **T**.

PETECA	TUCANO	TELEFONE
TOMADA	TIJOLO	TOCA
CANETA	BOTA	TIGELA
BOTÃO	TUBARÃO	SÓTÃO

TA

TE

TI

TO

TU

TÃO

VAMOS APRENDER A LETRA **V**, DE **VACA**?

VACA

CONSOANTES – LETRA V

AGORA, PRATIQUE A LETRA **V** ATÉ O FIM DA PÁGINA.

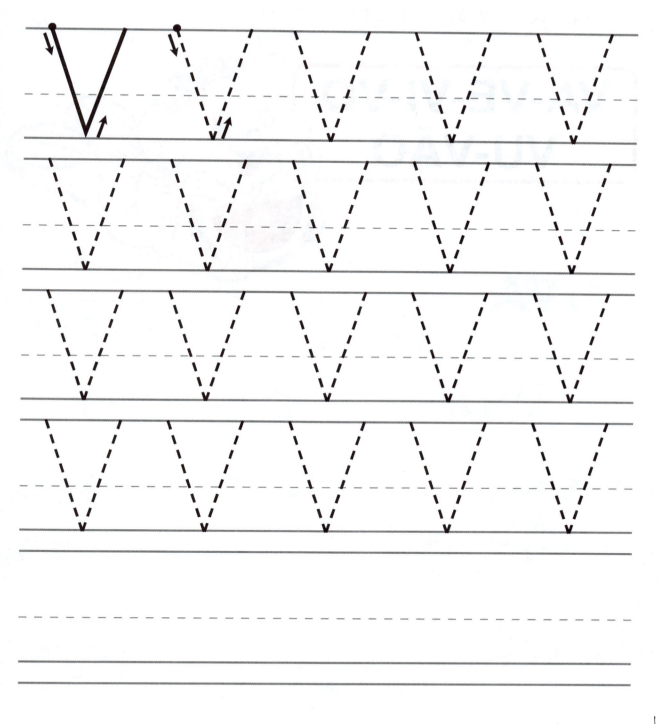

LEIA AS PALAVRAS DO QUADRO E CIRCULE AS SÍLABAS DA CONSOANTE **V** QUE VOCÊ ENCONTRAR.

VA-VE-VI-VO VU-VÃO

UVA

VACA

VIOLETA

VIDA

CAVALO

OVO

VELA

VIOLA

VOVÔ

AVE

TROVÃO

GAVETA

NAVIO

EVA

AVIÃO

VIÚVA

CONSOANTES – LETRA V

QUAL É A COR DO VESTIDO DA MÔNICA? CUBRA O TRACEJADO PARA RESPONDER E, DEPOIS, PINTE O DESENHO.

OBSERVE AS SÍLABAS, JUNTE-AS E FORME AS PALAVRAS.

VA + **CA** =

VI + **DA** =

VO + **GAL** =

VE + **LA** =

107

VAMOS APRENDER A LETRA **W**, DE **WINDSURFE**?

WINDSURFE

CONSOANTES – LETRA W

AGORA, PRATIQUE A LETRA **W** ATÉ O FIM DA PÁGINA.

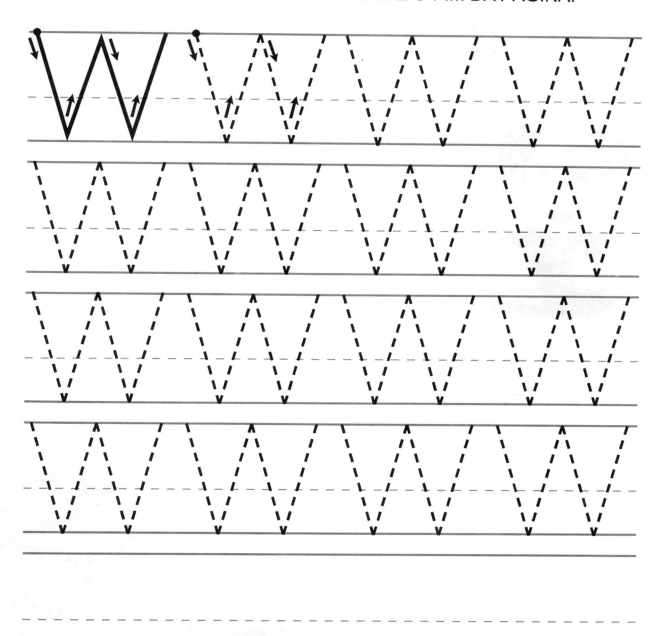

A LETRA **W** PODE TER O SOM DE **U** OU DE **V**. ACOMPANHE A LEITURA DAS PALAVRAS ABAIXO E PINTE DE AMARELO TODAS AS LETRAS **W** QUE VOCÊ ENCONTRAR.

WAGNER

HALLOWEEN

KIWI

WEBCAM

WILMA

WALTER

WI-FI

CONSOANTES – LETRA W

MARINA USA O COMPUTADOR PARA ESTUDAR E APRENDER VÁRIAS COISAS NA INTERNET. LEIA AS PALAVRAS DO QUADRO, DEPOIS CIRCULE AQUELAS COM A CONSOANTE **W** E ESCREVA-AS NOS QUADROS.

**WEBSITE - WINDSURFE - UVA
SHOW - KIWI**

111

VAMOS APRENDER A LETRA **X**, DE **XILOFONE**?

XILOFONE

CONSOANTES – LETRA X

AGORA, PRATIQUE A LETRA **X** ATÉ O FIM DA PÁGINA.

LIGUE AS SÍLABAS PARA COMPLETAR AS PALAVRAS.

XA •   • PEI____

XE •   • LI____

XI •   • PAI____

XO •   • FAI____

XU •   • ___́CARA

XÃO •   • EN____GAR

CONSOANTES – LETRA X

ACOMPANHE A LEITURA DAS FRASES E COMPLETE COM A PALAVRA ADEQUADA À IMAGEM.

XALE - ABACAXI

MAGALI GOSTA DE COMER _____.

BEXIGAS - XÍCARAS

MÔNICA ENCHEU MUITAS _____.

CAIXA - LIXEIRA

OS BRINQUEDOS ESTÃO NA _____.

XAROPES - PEIXES

CEBOLINHA QUER PESCAR _____.

VAMOS APRENDER A LETRA **Y**, DE *YAKISOBA*?

Y

YAKISOBA

CONSOANTES – LETRA Y

AGORA, PRATIQUE A LETRA **Y** ATÉ O FIM DA PÁGINA.

A LETRA **Y** TEM O SOM DA VOGAL **I** NAS PALAVRAS. ENCONTRE E CIRCULE A LETRA **Y** NAS PALAVRAS ABAIXO.

MOTOBOY

YIN-YANG

PLAYGROUND

PITAYA

SPRAY

KELLY

YURI

YASMIN

CONSOANTES – LETRA Y

JUREMA É UMA INDÍGENA DA AMAZÔNIA. PARA ESCREVER OS NOMES DE ALGUNS POVOS NATIVOS, USA-SE A LETRA **Y**. CUBRA OS TRACEJADOS PARA TREINAR ESSES NOMES.

YANOMAMI

YATÊ

AMANAYÉ

DEPOIS, ESCREVA O NOME DE CADA POVO NOS ESPAÇOS ABAIXO.

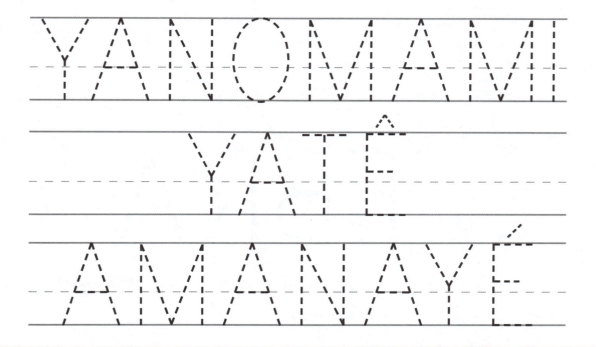

119

VAMOS APRENDER A LETRA **Z**, DE **ZEBRA**?

ZEBRA

CONSOANTES – LETRA Z

AGORA, PRATIQUE A LETRA **Z** ATÉ O FIM DA PÁGINA.

CEBOLINHA ESTÁ TENTANDO UNIR AS LETRAS PARA FORMAR AS SÍLABAS DA CONSOANTE **Z**. QUE TAL AJUDÁ-LO?

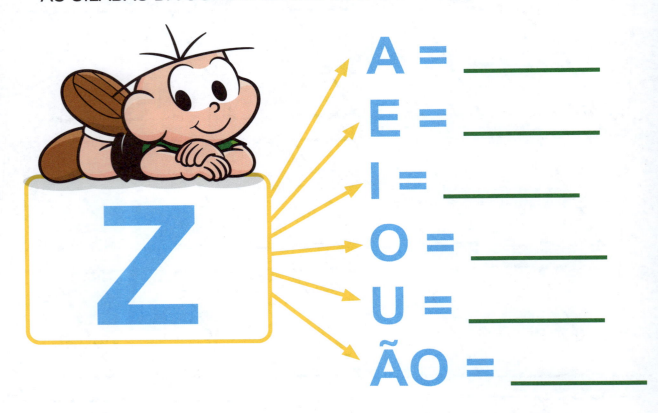

A = _____
E = _____
I = _____
O = _____
U = _____
ÃO = _____

CIRCULE AS SÍLABAS **Z** QUE VOCÊ ENCONTRAR NAS PALAVRAS ABAIXO.

ZAGUEIRO NATUREZA ONZE

MOLEZA RAZÃO

VIZINHO AZULADO COZIDO ZERO

ZOOLÓGICO BATIZADO AZEDO

VAZIO AMIZADE ZUNIDO

122

CONSOANTES – LETRA Z

DESCUBRA AS PALAVRAS, COMPLETANDO-AS COM AS SÍLABAS DA CONSOANTE **Z**. EM SEGUIDA, REPRESENTE-AS COM DESENHOS.

ZA-ZE-ZI-ZO-ZU-ZÃO

BU___NA

NATURE___

ON___

___PER

___BRA

A___LEJO

123

ESTÁ CHOVENDO LETRAS! ENCONTRE AS LETRAS QUE FORMAM O NOME DO CASCÃO E PINTE-AS.

ESCREVA O SEU NOME NO ESPAÇO ABAIXO.

124

ALFABETO

CONTORNE O TRACEJADO PRATICANDO OS TRAÇOS E AS LINHAS QUE VOCÊ APRENDEU, PARA COMPLETAR O ALFABETO.

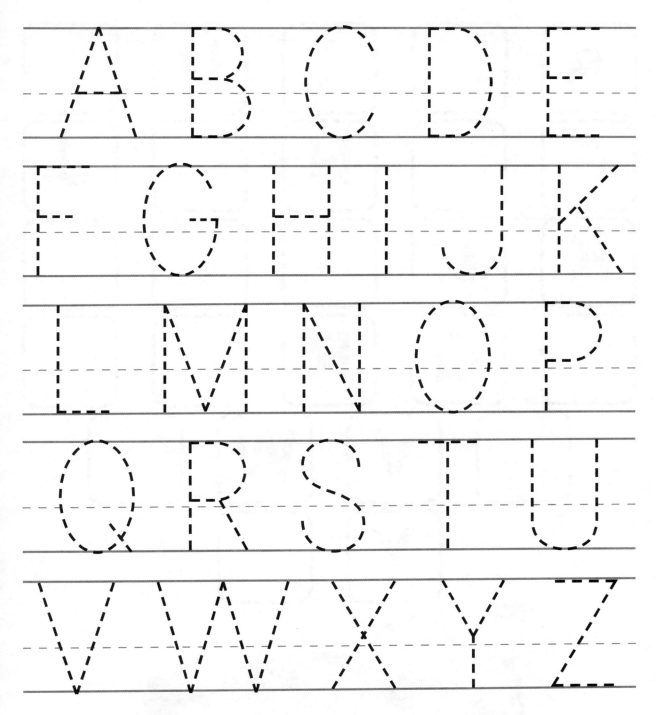

COMPLETE NO ALFABETO ABAIXO AS LETRAS QUE ESTÃO FALTANDO. VAMOS LÁ?

ALFABETO

A TURMA DA MÔNICA APRENDE MUITO ENQUANTO SE DIVERTE! CAPRICHE NA PINTURA DOS AMIGOS, DANDO UM COLORIDO ESPECIAL A ELES.

PARABÉNS! SE VOCÊ CHEGOU ATÉ AQUI, É PORQUE SEGUIU AS LIÇÕES E COMPLETOU TODAS AS ATIVIDADES PROPOSTAS NESTE LIVRO. ESTE É O MOMENTO DE COMEMORAR!

QUE TAL PEDIR A AJUDA DE UM ADULTO PARA PREENCHER O DIPLOMA ABAIXO COM SEU NOME E A DATA DE HOJE?

DIPLOMA

ATESTAMOS QUE

_____

COMPLETOU COM SUCESSO TODAS AS ATIVIDADES DE ALFABETIZAÇÃO DESTE LIVRO!

_____
DATA